INVENTAIRE
V50,591

DESSINS
pour
Ouvrages de Dames
PARIS

TRICOT

Nº 22

RE

NOUVEAUX M ... COT

AVEC E ... ATION.

ALdre SIMART, Editeur, Rue de RAMBUTEAU, 64.

AF450615

V

DESSINS
pour
Ouvrages de Dames
PARIS
TRICOT
Nº 22
RECUEIL
DE
NOUVEAUX MODÈLES DE TRICOT
AVEC EXPLICATION.
ALdre SIMART, Editeur, Rue de RAMBUTEAU, 64.
Déposé
Lith. Libotte, Paris.

EXPLICATION DES TERMES.

PASSE. . . . . . Jeter le fil sur l'aiguille.

PASSE DOUBLE . . Jeter 2 fois le fil sur l'aiguille.

SURJET SIMPLE. . Une maille sans la tricoter, une maille simple, rabattre celle qui n'est pas tricotée sur la maille simple.

SURJET DOUBLE. . Une maille sans la tricoter, 2 mailles ensemble, rabattre celle qui n'est pas tricotée sur les deux mailles ensemble.

ABRÉVIATIONS.

m. s., maille simple; — m. à l., maille à l'envers; — m. e., mailles ensemble; — m. e. à l., mailles ensemble à l'envers; — p., passe; — p. d., passe double; — p. à l., passe à l'envers; — p. d. à l., passe double à l'envers; — s. s. surjet simple; — s. d., surjet double; r., rabattre; — || signe de renvoi pour continuer le dessin.

9.

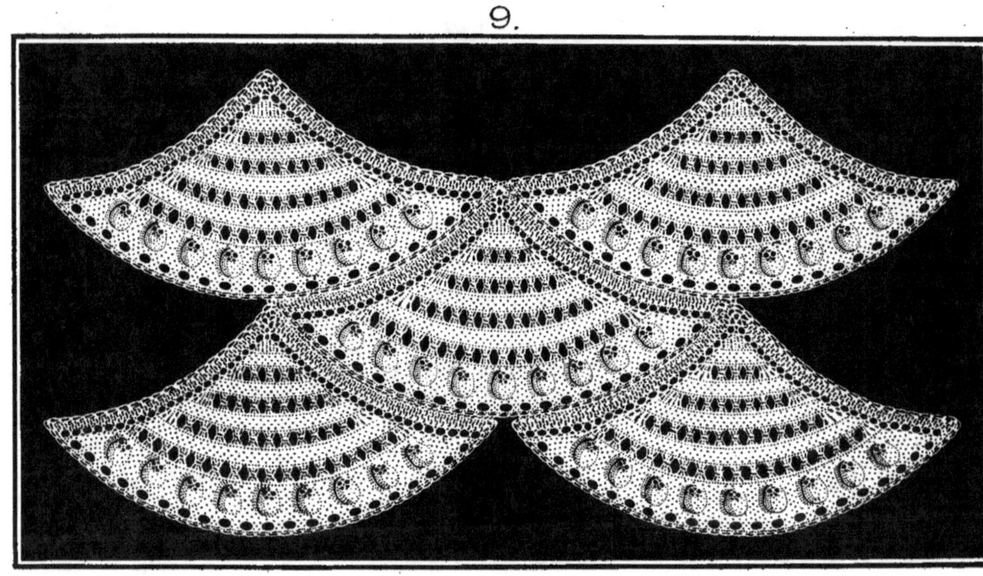

MODÈLE N° 9.

Tricot à petites pointes.

1er Rang. Montez 2 mailles, tricotez-les à l'endroit.
2e — 1 m. s., 1 p., 1 m. s.
3e — Mailles simples.
4e — 1 m. s., 1 p., 1 m. s., 1 p., 1 m. s.
5e — Mailles simples.
6e — 2 m. s., 1 p., 1 m. s., 1 p., 2 m. s.
7e — 3 m. s., 1 p., 1 m. s., 1 p., 3 m. s.
8e — 3 m. s., 3. m. à l., 3 m. s.
9e — 3 m. s., 1 p., 3 m. s., 1 p., 3 m. s.
10e — 3 m. s., 5 m. à l., 3 m. s.
11e — 3 m. s., 1 p., 5 m. s., 1 p., 3 m. s.
12e — Mailles simples.
13e — 3 m. s., 1 p., 7 m. à l., 1 p., 3 m. s.
14e — Mailles simples.
15e — 3 m. s., 1 p., 9 m. s., 1 p., 3 m. s.
16e — 3 m. s., 11 m. à l., 3 m. s.
17e — 3 m. s., 1 p., 2 m. s. (1 p., 2 m. e., 4 fois), 1 m. s., 1 p., 3 m. s.
18e — 3 m. s., 13 m. à l., 3 m. s.
19e — 3 m. s., 1 p., 13 m. s., 1 p., 3 m. s.
20e — Mailles simples.
21e — 3 m. s., 1 p., 15 m. à l., 1 p., 3 m. s.
22e — Mailles simples.
23e Rang. 3 m. s., 1 p., 17 m. s., 1 p., 3 m. s.
24e — 3 m. s., 19 m. à l., 3 m. s.
25e — 3 m. s., 1 p., 2 m. s. (1 p., 2 m. e., 8 fois), 1 m. s., 1 p., 3 m. s.
26e — 3 m. s., 21 m. à l., 3 m. s.
27e — 3 m. s., 1 p., 21 m. s., 1 p., 3 m. s.
28e — Mailles simples.
29e — 3 m. s., 1 p., 23 m. à l., 1 p., 3 m. s.
30e — Mailles simples.
31e — 3 m. s., 1 p., 25 m. s., 1 p., 3 m. s.
32e — 3 m. s., 27 m. à l., 3 m. s.
33e — 3 m. s., 1 p., 2 m. s. (1 p., 2 m. e., 12 fois), 1 m. s., 1 p., 3 m. s.
34e — 3 m. s., 29 m. à l., 3 m. s.
35e — 3 m. s., 1 p., 29 m. s., 1 p., 3 m. s.
36e — Mailles simples
37e — 3 m. s., 1 p., 31 m. à l., 1 p., 3 m. s.
38e — Mailles simples.
39e — 3 m. s., 1 p., 33 m. s., 1 p., 3 m. s.
40e — 3 m. s., 35 m. à l., 3 m. s.
41e — 3 m. s., 1 p., 2 m. s. (1 p., 2 m. e., 16 fois), 1 m. s., 1 p., 3 m. s.
42e — 3 m. s., 37 m. à l., 3 m. s.

SUITE DU MODÈLE N° 9.

43e Rang. 3 m. s., 1 p., 37 m. s., 1 p., 3 m. s.
44e — Mailles simples.
45e — 3 m. s., 1 p., 39 m. à l., 1 p., 3 m. s.
46e — 7 m. s. (1 p., 1 m. s., 1 p., 3 m. s., 9 fois), à la fin de l'aiguille au lieu de 3 m. s., il en faut 7.
47e — 3 m. s., 1 p., 59 m. à l., 1 p., 3 m. s.
48e — 8 m. s. (1 p., 1 m. s., 1 p., 1 m. s., 1 p., 1 m. s., 1 p., 3 m. s., 9 fois), à la fin de l'aiguille au lieu de 3 m. s., il en faut 8.
49e — 3 m. s., 1 p., 97 m. à l., 1 p., 3 m. s.
50e Rang. 9 m. s. (1 p., 7 m. s., 1 p., 3 m. s., 9 fois), à la fin de l'aiguille au lieu de 1 p., 3 m. s., il faut 1 p. et 9 m. s.
51e — 3 m. s., 1 p., 117 m. à l., 1 p., 3 m. s.
52e — 10 m. s., terminez la boule, 3 m. s., terminez la boule, ainsi de suite; à la fin de l'aiguille il faut 10 m. s.
53e — 3 m. s., 1 p., 47 m. à l., 1 p., 3 m. s.
54e — 5 m. s. (1 p., 2 m. e., 23 fois), 4 m. s.
55e — 3 m. s., 1 p., 49 m. à l., 1 p., 3 m. s.
56e — Mailles simples.

Jetez vos mailles très-laches.

10.

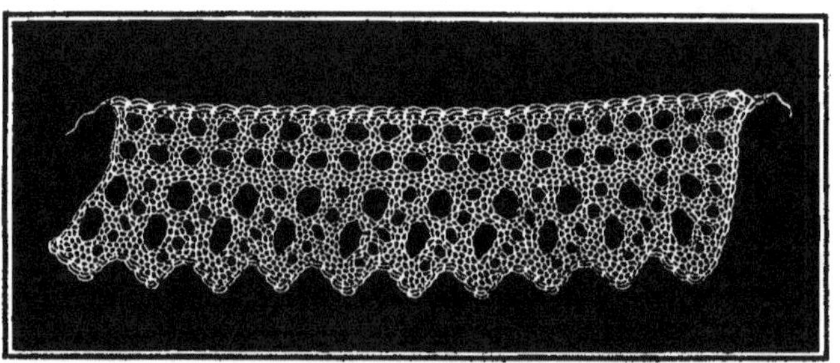

MODÈLE N° 10.

Dentelle à jour.

Montez sur 16 mailles.

1er Rang. 1 m. à l. sans la tricoter, 2 m. e., 1 p., 1 s. d., 1 p., 2 m. e., 1 m. s., 1 p. d., 1 s. d., 1 p. d., 2 m. e., 1 m. s. et 1 m. prise derrière l'aiguille.

2e — 1 m. à l. sans la tricoter, 2 m. s. (1 m. s., 1 m. à l., 1 m. s., 1 m. à l., ce qui fait 4 m. *dans la passe*), 1 m. s. (1 m. s., 1 m. à l., 1 m. s., 1 m. à l. dans la passe), 2 m. s. (1 m. s., 1 m. à l. dans la passe), 1 m. s. (1 m. s., 1 m. à l. dans la passe).

3e, 4e — Mailles simples.

5e Rang. 1 m. à l. sans tricoter, 2 m. e., 1 p., 1 s. d., 1 p., 2 m. e., 1 m. s. (1 p., 2 m. e., 5 fois), 1 m. s. et 1 m. prise derrière l'aiguille.

6e — 1 m. à l. sans tricoter, 13 m. s. (1 m. s., 1 m. à l. dans la passe), 1 m. s. (1 m. à l., 1 m. s. dans la passe), 1 m. s. et 1 m. prise derrière l'aiguille.

7e — Mailles simples.

8e — Rabattez 5 mailles, 14 m. s. et 1 m. prise derrière l'aiguille.

Recommencez au premier rang.

11.

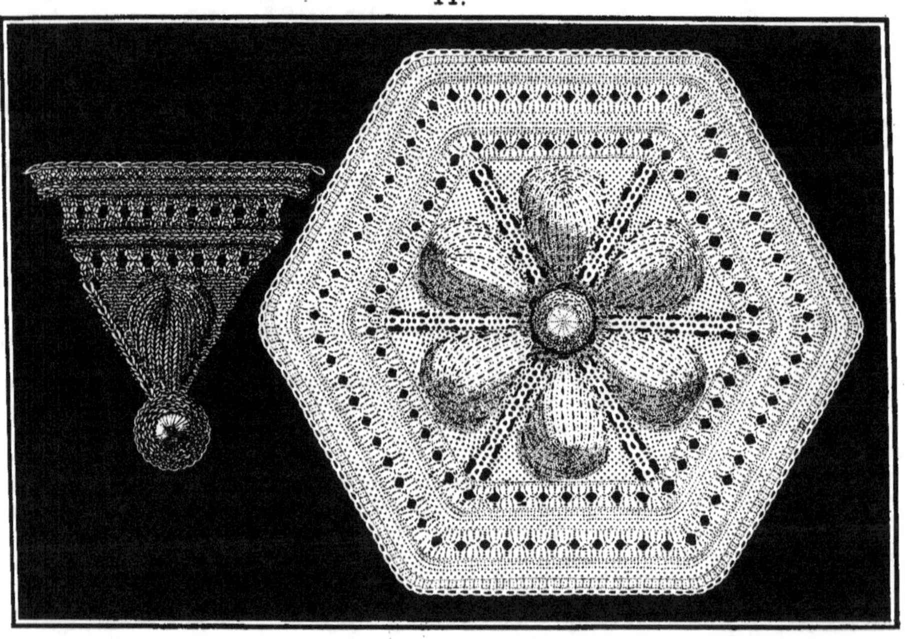

MODÈLE N° 11.

Hexagone Dahlia pour couverture.

Montez 2 mailles sur 3 aiguilles.

1er Tour. Mailles simples.

2e — 1 p., 1 m. s. tout le tour.

3e — Mailles à l'envers.

4e — 1 p., 2 m. à l., tout le tour.

5e — 1 m. s., 2 m. à l.

6e — 1 m. s., 1 m. à l., 1 p., 1 m. à l., 1 m. s., 1 m. à l., 1 p., 1 m. à l., *répétez 3 fois.*

7e — 1 m. s., 1 m. à l., tout le tour.

8e — 1 p., 1 m. s., 1 p., 1 m. à l., tout le tour.

9e — 1 m. à l., 1 m. s., 2 m. à l., 3 m. s., 2 m. à l., 1 m. s., 2 m. à l., 3 m. s., 1 m. à l., *répétez 3 fois.*

10e — 1 m. à l., 1 m. s., 2 m. à l., 1 p., 3 m. s., 1 p., 2 m. à l., 1 m. s., 2 m. à l., 1 p., 3 m. s., 1 p., 1 m. à l., *répétez 3 fois.*

11e — 1 m. à l., 1 m. s., 2 m. à l., 5 m. s., 2 m. à l., 1 m. s., 2 m. à l., 5 m. s., 1 m. à l., *répétez 3 fois.*

12e — 1 m. à l., 1 p., 1 m. s., 1 p., 2 m. à l., 1 p., 5 m. s., 1 p., 2 m. à l., 1 p., 1 m. s., 1 p., 2 m. à l., 1 p., 5 m. s., 1 p., 1 m. à l., *répétez 3 fois.*

13e — 2 m. à l., 1 m. s., 3 m. à l., 7 m. s., 3 m. à l., 1 m. s., 3 m. à l., 7 m. s., 1 m. à l., *répétez 3 fois.*

14e — 2 m. à l., 1 m. s., 3 m. à l., 1 p., 7 m. s., 1 p., 3 m. à l., 1 m. s., 3 m. à l., 1 p., 7 m. s., 1 p., 1 m. à l., *répétez 3 fois.*

15e Tour. 2 m. à l., 1 m. s., 3 m. à l., 9 m. s., 3 m. à l., 1 m. s., 3 m. à l., 9 m. s., 1 m. à l., *répétez 3 fois.*

16e — 2 m. à l., 1 p., 1 m. s., 1 p., 3 m. à l., 1 p., 9 m. s., 1 p., 3 m. à l., 1 p., 1 m. s., 1 p., 3 m. à l., 1 p., 9 m. s., 1 p., 1 m. à l., *répétez 3 fois.*

17e — 3 m. à l., 1 m. s., 4 m. à l., 11 m. s., 4 m. à l., 1 m. s., 4 m. à l., 11 m. s., 1 m. à l., *répétez 3 fois.*

18e — 3 m. à l., 1 m. s., 4 m. à l., 1 p., 11 m. s., 1 p., 4 m. à l., 1 m. s., 4 m. à l., 1 p., 11 m. s., 1 p., 1 m. à l., *répétez 3 fois.*

19e — 3 m. à l., 1 m. s., 4 m. à l., 13 m. s., 4 m. à l., 1 m. s., 4 m. à l., 13 m. s., 1 m. à l., *répétez 3 fois.*

20e — 3 m. à l., 1 p., 1 m. s., 1 p., 4 m. à l., 1 p., 13 m. s., 1 p., 4 m. à l., 1 p., 1 m. s., 1 p., 4 m. à l., 1 p., 13 m. s., 1 p., 1 m. à l., *répétez 3 fois.*

21e — 4 m. à l., 1 m. s., 5 m. à l., 15 m. s., 5 m. à l., 1 m. s., 5 m. à l., 15 m. s., 1 m. à l., *répétez 3 fois.*

22e — 4 m. à l., 1 m. s., 5 m. à l., 1 p. 15 m. s., 1 p., 5 m. à l., 1 m. s., 5 m. à l., 1 p., 15 m. s., 1 p., 1 m. à l., *répétez 3 fois.*

SUITE DU MODÈLE N° 11.

23e Tour. 4 m. à l., 1 m. s., 5 m. à l., 17 m. s., 5 m. à l., 1 m. s., 5 m. à l., 17 m. s., 1 m. à l., *répétez 3 fois.*

24e — 4 m. à l., 1 p., 1 m. s., 1 p., 5 m. à l., terminez le relief. *Explication :* « Vous avez 17 mailles sur votre aiguille, » il faut en prendre 4 à l'envers sans les tricoter, ra- » battre une de gauche sur celle du milieu, une de » droite, une de gauche toujours sur celle du milieu » sans la déranger, jusqu'à 3 mailles de chaque côté, » vous en prenez 2 ensemble et vous rabattez celle qui » reste sur les 2 prises ensemble de manière à n'en » faire qu'une ». Continuez l'explication, 5 m. à l., 1 p., 1 m. s., 1 p., 5 m. à l., terminez le relief; voir l'explication ci-dessus, 1 m. à l., *répétez 3 fois.*

25e — 5 m. à l., 1 m. s., 13 m. à l., 1 m. s., 8 m. à l., *répétez 3 fois.*

26e — Mailles simples.

27e — 5 m. s., 1 augmentation. « *l'augmentation se fait en rele- » vant une maille au pied de celle que l'on va faire, de » manière que cela ne fasse pas jour ; on prend donc la » maille en dessous de celle que l'on va tricoter.* » 1 m. s., 1 augm., 13 m. s., 1 augm., 1 m. s., 1 augm., 8 m. s., *répétez 3 fois.*

28e — Mailles simples.

29e — 1 passe, 2 m. e., tout le tour.

30e — Mailles simples.

31e — 6 m. s., 1 augm., 1 m. s., 1 augm., 15 m. s., 1 augm., 1 m. s., 1 augm., 9 m. s., *répétez 3 fois.*

32e Tour. Mailles simples.

33e — Mailles à l'envers.

34e — 8 m. à l., 1 augm., 1 m. à l., 1 augm., 17 m. à l., 1 augm., 1 m. à l., 1 augm., 9 m. à l., *répétez 3 fois.*

35e — Mailles à l'envers.

36e — Mailles simples.

37e — 9 m. s., 1 augm., 1 m. s., 1 augm., 19 m. s., 1 augm., 1 m. s., 1 augm., 10 m. s., *répétez 3 fois.*

38e — Mailles simples.

39e — 1 passe, 2 m. e., tout le tour.

40e — Mailles simples.

41e — 10 m. s., 1 augm., 1 m. s., 1 augm., 21 m. s., 1 augm., 1 m. s., 1 augm., 11 m. s.

42e — Mailles simples.

43e — Mailles à l'envers.

44e — 11 m. à l., 1 augm., 1 m. à l., 1 augm., 23 m. à l., 1 augm., 1 m. à l., 1 augm., 12 m. à l., *répétez 3 fois.*

45e — Mailles à l'envers.

46e — Mailles simples.

47e — 13 m. s., 1 augm., 26 m. s., 1 augm., 13 m. s., *répétez 3 fois.*

48e — Mailles simples.

Jetez vos mailles.

12.

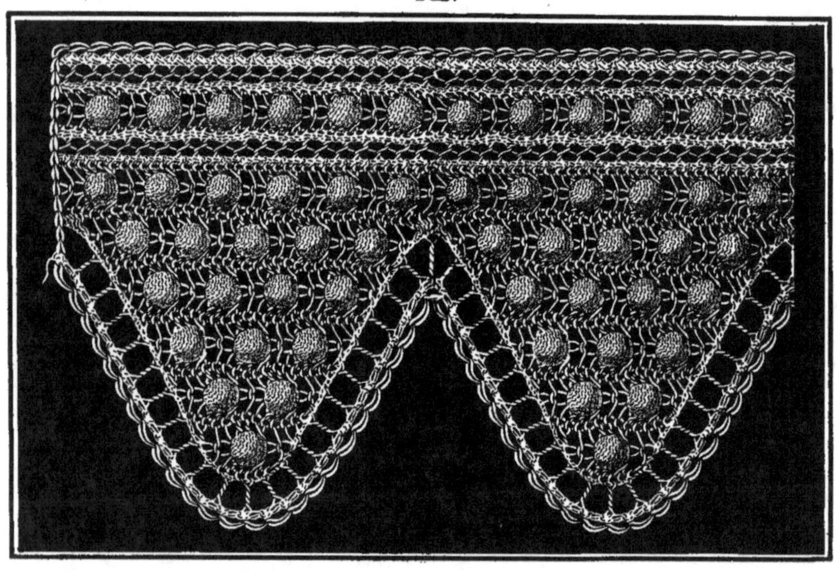

MODÈLE N° 12.

Dentelle à boules.

Montez 18 mailles.

1er Rang. 3 m. s., 1 p., 2 m. e., 5 m. s., 1 p., 2 m. e., 3 m. s., 1 p. d., 2 m. e., 1 m. s.

2e — 3 m. s., 1 m. à l. (1 m. s., 1 p., 2 fois), 3 m. s., 1 p., 2 m. e. (1 m. s. 1 p., 2 fois), 3 m. s., 1 p., 2 m. e., 1 m. s.

3e — 3 m. s., 1 p., 2 m. e., 5 m. à l., 2 m. s., 1 p., 2 m. e., 6 m. à l., 1 p. d., 2 m. e., 1 m. s.

4e — 3 m. s., 1 m. à l., 2 m. s. (1 p., 1 m. s., 3 fois), 1 p., 3 m. s., 1 p., 2 m. e. (1 m. s. 1 p., 4 fois), 3 m. s., 1 p., 2 m. e., 1 m. s.

5e — 3 m. s., 1 p., 2 m. e., 9 m. à l., 2 m. s., 1 p., 2 m. e., 11 m. à l. 1 p. d., 2 m. e., 1 m. s.

6e — 3 m. s., 1 m. à l. (1 m. s., 1 p., 3 fois), 7 m. s., 1 p., 3 m. s., 1 p., 2 m. e., 1 m. s., 1 p., 7 m. s., 1 p., 3 m. s., 1 p., 2 m. e., 1 m. s.

7e — 3 m. s., 1 p., 2 m. e., 11 m. à l., 2 m. s., 1 p., 2 m. e., 16 m. à l., 1 p. d., 2 m. e., 1 m. s.

8e — 3 m. s., 1 m. à l., 2 m. s. (1 p., 1 m. s. 4 fois), terminez la boule. *Explication.* « Vous avez 9 mailles sur » votre aiguille, il faut en prendre 4 à l'envers sans les » tricoter, rabattre une de gauche sur celle du milieu, » une de droite, une de gauche, toujours sur celle du » milieu, sans la déranger, jusqu'à 3 mailles de chaque » côté, vous en prenez 2 ensemble et vous rabattez » celle qui reste sur les 2 prises ensemble, de manière » à n'en faire qu'une. » 3 m. s., 1 p., 2 m. e., 1 m. s., terminez la boule, 3 m. s., 1 p., 2 m. e., 1 m. s.

9e Rang. 3 m. s., 1 p., 2 m. e., 3 m. à l., 2 m. s., 1 p., 2 m. e., 13 m. à l., 1 p. d., 2 m. e., 1 m. s.

10e — 3 m. s., 1 m. à l. (1 m. s., 1 p., 3 fois), 7 m. s. (1 p., 1 m. s., 2 fois), 1 p., 3 m. s., 1 p., 2 m. e. (1 m. s., 1 p., 2 fois), 3 m. s., 1 p., 2 m. e., 1 m. s.

11e — 3 m. s., 1 p., 2 m. e., 5 m. à l., 2 m. s., 1 p., 2 m. e., 20 m. à l., 1 p. d., 2 m. e., 1 m. s.

12e — 3 m. s., 1 m. à l., 2 m. s. (1 p., 1 m. s., 4 fois), terminez la boule, *voyez l'explication au 8e rang* (1 m. s., 1 p., 4 fois), 3 m. s., 1 p., 2 m. e. (1 m. s., 1 p., 4 fois), 3 m. s., 1 p., 2 m. e., 1 m. s.

13e — 3 m. s., 1 p., 2 m. e., 9 m. à l., 2 m. s., 1 p., 2 m. e., 21 m. à l., 1 p. d., 2 m. e., 1 m. s.

14e — 3 m. s., 1 m. à l. (1 m. s., 1 p., 3 fois), 7 m. s. (1 p., 1 m. s., 3 fois), 1 p., 7 m. s., 1 p., 3 m. s., 1 p., 2 m. e., 1 m. s., 1 p., 7 m. s., 1 p., 3 m. s., 1 p., 2 m. e., 1 m. s.

15e — 3 m. s., 1 p., 2 m. e., 11 m. à l., 2 m. s., 1 p., 2 m. e., 30 m. à l., 1 p. d., 2 m. e., 1 m. s.

SUITE DU MODÈLE N° 12.

16e RANG. 3 m. s., 1 m. à l., 2 m. s. (1 p., 1 m. s., 4 fois), terminez la boule (1 m. s., 1 p., 4 fois), 1 m. s.; terminez la boule, 3 m. s., 1 p., 2 m. e., 1 m. s., terminez la boule, 3 m. s., 1 p., 2 m. e., 1 m. s.

17e — 3 m. s., 1 p., 2 m. e., 3 m. à l., 2 m. s., 1 p., 2 m. e., 23 m. à l., 1 p. d., 2 m. e., 1 m. s.

18e — 3 m. s., 1 m. à l. (1 m. s., 1 p., 3 fois), 7 m. s. (1 p., 1 m. s., 3 fois), 1 p., 7 m. s. (1 p., 1 m. s., 2 fois), 1 p., 3 m. s., 1 p., 2 m. e. (1 m. s., 1 p., 2 fois), 3 m. s., 1 p., 2 m. e., 1 m. s.

19e — 3 m. s., 1 p., 2 m. e., 5 m. à l., 2 m. s., 1 p., 2 m. e., 34 m. à l., 1 p. d., 2 m. e., 1 m. s.

20e — 3 m. s., 1 m. à l., 2 m. s. (1 p., 1 m. s., 4 fois), terminez la boule (1 m. s., 1 p., 4 fois), 1 m. s., terminez la boule (1 m. s., 1 p., 4 fois), 3 m. s., 1 p., 2 m. e. (1 m. s., 1 p., 4 fois), 3 m. s., 1 p., 2 m. e., 1 m. s.

21e — 3 m. s., 1 p., 2 m. e., 9 m. à l., 2 m. s., 1 p., 2 m. e., 31 m. à l., 1 p. d., 2 m. e., 1 m. s.

22e — 3 m. s., 1 m. à l. (1 m. s., 1 p., 3 fois), 7 m. s. (1 p., 1 m. s., 3 fois), 1 p., 7 m. s. (1 p., 1 m. s., 3 fois), 1 p., 7 m. s., 1 p., 3 m. s., 1 p., 2 m. e., 1 m. s., 1 p., 7 m. s., 1 p., 3 m. s., 1 p., 2 m. e., 1 m. s.

23e — 3 m. s., 1 p., 2 m. e., 11 m. à l., 2 m. s., 1 p., 2 m. e., 42 m. à l., 2 m. e., 1 p. d., 2 m. e., 1 m. s.

24e — 3 m. s., 1 m. à l., (1 m. s., 1 p., 4 fois), 1 m. s., terminez la boule (1 m. s., 1 p., 4 fois), 1 m. s., terminez la boule (1 m. s., 1 p., 4 fois), 1 m. s., terminez la boule, 3 m. s., 1 p., 2 m. e., 1 m. s., terminez la boule, 3 m. s., 1 p., 2 m. e., 1 m. s.

25e RANG. 3 m. s., 1 p., 2 m. e., 3 m. à l., 2 m. s., 1 p., 2 m. e., 30 m. à l., 2 m. e. à l'envers, 1 p. d., 2 m. e., 1 m. s.

26e — 3 m. s., 1 m. à l., 1 m. s., 1 p., 7 m. s. (1 p., 1 m. s., 3 fois), 1 p., 7 m. s. (1 p., 1 m. s., 3 fois), 1 p., 7 m. s. (1 p., 1 m. s., 2 fois), 1 p., 3 m. s., 1 p., 2 m. e. (1 m. s., 1 p., 2 fois), 3 m. s., 1 p., 2 m. e., 1 m. s.

27e — 3 m. s., 1 p., 2 m. e., 5 m. à l., 2 m. s., 1 p., 2 m. e., 42 m. à l., 2 m. e. à l'envers, 1 p. d., 2 m. e., 1 m. s.

28e — 3 m. s., 1 m. à l., 1 m. s., terminez la boule (1 m. s., 1 p., 4 fois), 1 m. s., terminez la boule (1 m. s., 1 p., 4 fois), 1 m. s., terminez la boule (1 m. s., 1 p., 4 fois), 3 m. s., 1 p., 2 m. e. (1 m. s., 1 p., 4 fois), 3 m. s., 1 p., 2 m. e., 1 m. s.

29e — 3 m. s., 1 p., 2 m. e., 9 m. à l., 2 m. s., 1 p., 2 m. e., 29 m. à l., 3 m. e. à l'envers, 1 p. d., 2 m. e., 1 m. s.

30e — 3 m. s., 1 m. à l., 2 m. s., 1 p., 7 m. s. (1 p., 1 m. s., 3 fois), 1 p., 7 m. s. (1 p., 1 m. s., 3 fois), 1 p., 7 m. s., 1 p., 3 m. s., 1 p., 2 m. e., 1 m. s., 1 p., 7 m. s., 1 p., 3 m. s., 1 p., 2 m. e., 1 m. s.

31e — 3 m. s., 1 p., 2 m. e., 11 m. à l., 2 m. s., 1 p., 2 m. e., 38 m. à l., 3 m. e. à l'envers, 1 p. d., 2 m. e., 1 m. s.

32e — 3 m. s., 1 m. à l. 1 m. s., terminez la boule (1 m. s., 1 p., 4 fois), 1 m. s., terminez la boule (1 m. s., 1 p., 4 fois), 1 m. s., terminez la boule, 3 m. s., 1 p., 2 m. e., 1 m. s., terminez la boule, 3 m. s., 1 p., 2 m. e., 1 m. s.

33e — 3 m. s., 1 p., 2 m. e., 3 m. à l., 2 m. s., 1 p., 2 m. e., 21 m. à l., 3 m. e à l'envers, 1 p. d., 2 m. e., 1 m. s.

SUITE DU MODÈLE N° 12.

34e Rang. 3 m. s., 1 m. à l., 2 m. s., 1 p., 7 m. s. (1 p., 1 m. s., 3 fois), 1 p., 7 m. s. (1 p., 1 m. s., 2 fois), 1 p., 3 m. s., 1 p., 2 m. e. (1 m. s., 1 p., 2 fois), 3 m. s., 1 p. 2 m. e., 1 m. s.

35e — 3 m. s., 1 p., 2 m. e.. 5 m. à l., 2 m. s., 1 p., 2 m. e., 28 m. à l., 3 m. e. à l'envers, 1 p. d., 2 m. e., 1 m. s.

36e — 3 m. s., 1 m. à l., 1 m. s., terminez la boule (1 m. s., 1 p., 4 fois), 1 m. s., terminez la boule (1 m. s., 1 p., 4 fois), 3 m. s., 1 p., 2 m. e. (1 m. s., 1 p., 4 fois), 3 m. s., 1 p., 2 m. e., 1 m. s.

37e — 3 m. s., 1 p., 2 m. e., 9 m. à l., 2 m. s., 1 p., 2 m. e., 19 m. à l., 3 m. e. à l'envers, 1 p. d., 2 m. e., 1 m. s.

38e — 3 m. s., 1 m. à l., 2 m. s., 1 p., 7 m. s. (1 p., 1 m. s., 3 fois), 1 p., 7 m. s., 1 p., 3 m. s., 1 p., 2 m. e., 1 m. s., 1 p., 7 m. s., 1 p., 3 m. s., 1 p., 2 m. e., 1 m. s.

39e — 3 m. s., 1 p., 2 m. e., 11 m. à l., 2 m. s., 1 p., 2 m. e., 24 m. à l., 3 m. e. à l'envers, 1 p. d., 2 m. e., 1 m. s.

40e — 3 m. s., 1 m. à l., 1 m. s., terminez la boule (1 m. s., 1 p., 4 fois), 1 m. s., terminez la boule, 3 m. s., 1 p., 2 m. e., 1 m. s., terminez la boule, 3 m. s., 1 p., 2 m. e., 1 m. s.

41e — 3 m. s., 1 p., 2 m. e., 3 m. à l., 2 m. s., 1 p., 2 m. e., 11 m. à l., 3 m. e. à l'envers, 1 p. d., 2 m. e., 1 m. s.

42e Rang. 3 m. s., 1 m. à l., 2 m. s., 1 p., 7 m. s. (1 p., 1 m. s., 2 fois), 1 p., 3 m. s., 1 p., 2 m. e. (1 m. s., 1 p., 2 fois), 3 m. s., 1 p., 2 m. e., 1 m. s.

43e — 3 m. s., 1 p., 2 m. e., 5 m. à l., 2 m. s., 1 p., 2 m. e., 14 m. à l., 3 m. e. à l'envers, 1 p. d., 2 m. e., 1 m. s.

44e — 3 m. s., 1 m. à l., 1 m. s., terminez la boule (1 m. s., 1 p., 4 fois), 3 m. s. 1 p., 2 m. e. (1 m. s., 1 p., 4 fois), 3 m. s., 1 p., 2 m. e., 1 m. s.

45e — 3 m. s., 1 p., 2 m. e., 9 m. à l., 2 m. s., 1 p., 2 m. e., 9 m. à l., 3 m. e à l'envers, 1 p. d., 2 m. e., 1 m. s.

46e — 3 m. s., 1 m. à l., 2 m. s., 1 p., 7 m. s., 1 p., 3 m. s., 1 p., 2 m. e., 1 m. s., 1 p., 7 m. s., 1 p., 3 m. s., 1 p., 2 m. e., 1 m. s.

47e — 3 m. s., 1 p., 2 m. e., 11 m. à l., 2 m. s., 1 p., 2 m. e., 10 m. à l., 3 m. e. à l'envers, 1 p. d., 2 m. e., 1 m. s.

48e — 3 m. s., 1 m. à l., 1 m. s., terminez la boule, 3 m. s., 1 p., 2 m. e., 1 m. s., terminez la boule, 3 m. s., 1 p., 2 m. e., 1 m. s.

49e — 3 m. s., 1 p., 2 m. e., 3 m. à l., 2 m. s., 1 p., 2 m. e., 2 m. à l., 2 m. e. à l'envers, 1 p. d., 2 m. e., 1 m. s.

Recommencez au 2e rang.

13.

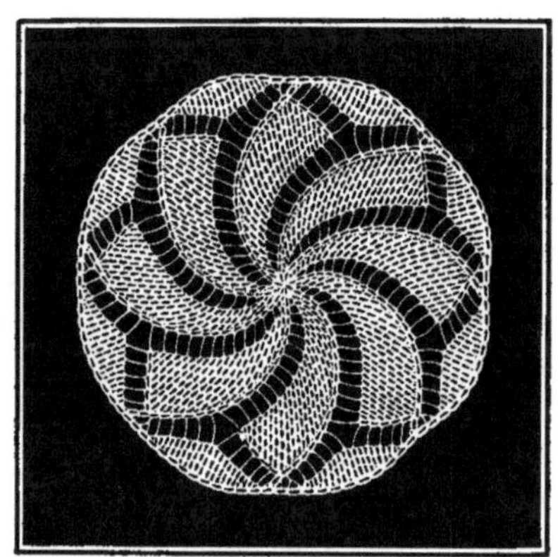

MODÈLE N° 13.

Rosace pour petit bonnet.

Montez 8 mailles sur 4 aiguilles, prenez une 5e aiguille pour fermer le rond.

1er Tour. Mailles simples.
2e — ‖ 1 p., 1 m. s. ‖
3e — ‖ 1 p., 2 m. s. ‖
4e — ‖ 1 p., 3 m. s. ‖
5e — ‖ 1 p., 4 m. s. ‖
6e — ‖ 1 p., 5 m. s. ‖
7e — ‖ 1 p., 4 m. s. 2 m. e. ‖
8e — ‖ 1 p., 6 m. s. ‖
9e — ‖ 1 p., 5 m. s. 2 m. e. ‖
10e — ‖ 1 p., 7 m. s. ‖
11e — ‖ 1 p., 6 m. s. 2 m. e. ‖
12e — ‖ 1 p., 8 m. s. ‖
13e Tour. ‖ 1 p., 7 m. s., 2 m. e. ‖
14e — ‖ 1 p., 9 m. s. ‖
15e — ‖ 1 p., 1 m. s., 1 p., 1 s. s., 5 m. s., 2 m. e. ‖
16e — 1 p., 3 m. s., 1 p., 1 s. s., 5 m. s., 1 p., 3 m. s., 1 p., 1 s. s., 5 m. s.
17e — 1 p., 4 m. s., 1 p., 1 s. s., 2 m. s., 2 m. e., 1 p., 5 m s., 1 p., 1 s. s., 2 m. s., 2 m. e.
18e — 1 p., 5 m. s., 1 p., 1 s. s., 2 m. s., 2 m. e., 1 p., 5 m. s., 1 p., 1 s. s., 2 m. s., 2 m. e.
19e — 1 p., 6 m. s., 1 p., 1 s. s., 2 m. s., 1 p., 7 m. s., 1 p., 1 s. s., 2 m. s.
20e — 1 p., 8 m. s., 1 p., 1 s. d., 1 p., 9 m. s., 1 p., 1 s. d.
21e — Mailles simples.

Rabattez toutes les mailles.

14.

MODÈLE N° 14.

Carreaux et colonnes à jour pour rideaux.

Montez sur 41 mailles pour 2 rangs de jour et 1 rang de carreaux, ajoutez 30 mailles pour chaque raccord.

Tous les rangs commencent par 1 m. à l. sans tricoter et finissent par 1 m. s. prise derrière l'aiguille.

1er RANG. 1 m. à l. sans tricoter, 2 m. s., 1 p., 1 s. s., 1 m. s., 1 p., 1 s. s., 1 m. s., 1 p., 1 s. s., || 6 m. s., 1 s. s., 1 p., 3 m. s., 1 p., 1 s. s., 8 m. s., 1 p., 1 s. s., 1 m. s., 1 p., 1 s. s., 1 m. s., 1 p., 1 s. s., || , 1 m. s. prise derrière l'aiguille.

2e — 1 m. à l., etc., 2 m. s., 1 p., 1 s. s., 1 m. s., 1 p., 1 s. s., 1 m. s., 1 p., 1 s. s., || 5 m. s., 1 s. s., 1 p., 5 m. s., 1 p., 1 s. s., 7 m. s., 1 p., 1 s. s., 1 m. s., 1 p., 1 s. s., 1 m. s., 1 p., 1 s. s., || 1 m. s. prise, etc.

3e — 1 m. à l., etc., 2 m. s., 1 p., 1 s. s., 1 m. s., 1 p., 1 s. s., 1 m. s., 1 p., 1 s. s., || 4 m. s., 1 s. s., 1 p., 7 m. s., 1 p., 1 s. s., 6 m. s., 1 p., 1 s. s., 1 m. s., 1 p., 1 s. s., 1 m. s., 1 p., 1 s. s., || 1 m. s. prise, etc.

4e — 1 m. à l., etc., 2 m. s., 1 p., 1 s. s., 1 m. s., 1 p., 1 s. s., 1 m. s., 1 p., 1 s. s., || 3 m. s., 1 s. s., 1 p., 9 m. s., 1 p., 1 s. s., 5 m. s., 1 p., 1 s. s., 1 m. s., 1 p., 1 s. s., 1 m. s., 1 p., 1 s. s., || 1 m. s. prise, etc.

5e — 1 m. à l., etc., 2 m. s., 1 p., 1 s. s., 1 m. s., 1 p., 1 s. s., 1 m. s., 1 p., 1 s. s., || 2 m. s., 1 s. s., 1 p., 11 m. s., 1 p., 1 s. s., 4 m. s., 1 p., 1 s. s., 1 m. s., 1 p., 1 s. s., 1 m. s., 1 p., 1 s. s., || 1 m. s. prise, etc.

6e RANG. 1 m. à l., etc., 2 m. s., 1 p., 1 s. s. (1 m. s., 1 p., 1 s. s., 2 fois), || 1 m. s., 1 s. s., 1 p., 13 m. s., 1 p., 1 s. s., 3 m. s., 1 p., 1 s. s., 1 m. s., 1 p., 1 s. s., 1 p., 1 s. s., || 1 m s. prise, etc.

7e — 1 m. à l., etc., 2 m. s., 1 p., 1 s. s. (1 m. s., 1 p., 1 s. s., 2 fois), || 2 m. e., 1 p., 15 m. s., 1 p., 1 s. s., 2 m. s., 1 p., 1 s. s., 1 m. s., 1 p., 1 s. s., 1 m. s., 1 p., 1 s. s., || 1 m. s. prise, etc.

8e — 1 m. à l., etc., 2 m. s., 1 p., 1 s. s. (1 m. s., 1 p., 1 s. s., 2 fois), || 1 m. s., 1 p., 1 s. s., 13 m. s., 2 m. e., 1 p., 3 m. s., 1 p., 1 s. s., 1 m. s., 1 p., 1 s. s., 1 m. s., 1 p., 1 s. s., || 1 m. s. prise, etc.

9e — 1 m. à l., etc., 2 m. s., 1 p., 1 s. s., 1 m. s., 1 p., 1 s. s., 1 m. s., 1 p., 1 s. s., || 2 m. s., 1 p., 1 s. s., 11 m. s., 2 m. e., 1 p., 4 m. s., 1 p., 1 s. s. (1 m. s., 1 p., 1 s. s., 2 fois), || 1 m. s. prise, etc.

10e — 1 m. à l., etc., 2 m. s., 1 p., 1 s. s. (1 m. s., 1 p., 1 s. s., 2 fois), || 3 m. s., 1 p., 1 s. s., 9 m. s., 1 s. s., 1 p., 5 m. s., 1 p., 1 s. s., 1 m. s., 1 p., 1 s. s., 1 m. s., 1 p., 1 s. s., || 1 m. s. prise, etc.

11e — 1 m. à l., etc., 2 m. s., 1 p., 1 s. s. (1 m.

SUITE DU MODÈLE N° 14.

2 fois), || 4 m. s., 1 p., 1 s. s., 7 m. s., 1 s. s., 1 p., 6 m. s., 1 p., 1 s. s., 1 m. s., 1 p., 1 s. s., 1 m. s., 1 p., 1 s. s., || 1 m. s. prise, etc.

12ᵉ Rang. 1 m. à l., etc., 2 m. s., 1 p., 1 s. s. (1 m. s., 1 p., 1 s. s., 2 fois), || 5 m. s., 1 p., 1 s. s., 5 m. s., 1 s. s., 1 p., 7 m. s., 1 p., 1 s. s., 1 m. s., 1 p., 1 s. s., 1 m. s., 1 p., 1 s. s., || 1 m. s. prise, etc.

13ᵉ — 1 m. à l., etc., 2 m. s., 1 p., 1 s. s. (1 m. s., 1 p., 1 s. s., 2 fois), || 6 m. s., 1 p., 1 s. s., 3 m. s., 1 s. s., 1 p., 8 m. s., 1 p., 1 s. s. (1 m. s., 1 p., 1 s. s., 2 fois), || 1 m. s. prise, etc.

14ᵉ Rang. 1 m. à l., etc., 2 m. s., 1 p., 1 s. s., (1 m. s., 1 p., 1 s. s., 2 fois). || 7 m. s., 1 p., 1 s. s., 1 m. s., 1 s. s., 1 p., 9 m. s., 1 p., 1 s. s., 1 m. s., 1 p., 1 s. s., 1 m. s., 1 p., 1 s. s., || 1 m. s. prise, etc.

15ᵉ — 1 m. à l., etc., 2 m. s., 1 p., 1 s. s., (1 m. s., 1 p., 1 s. s., 2 fois), 8 m. s., 1 p., 1 s. d., 1 p., 10 m. s., 1 p., 1 s. s. (1 m. s., 1 p., 1 s. s., 2 fois), || 1 m. s. prise, etc.

16ᵉ — m. à l., etc., 2 m. s., 1 p., 1 s. s. (1 m. s., 1 p., 1 s. s., 2 fois), || 7 m. s., 1 s. s., 1 p., 1 m. s., 1 p., 1 s. s., 9 m. s., 1 p., 1 s. s. (1 m. s., 1 p., 1 s. s., 2 fois), || 1 m. s. prise, etc.

Recommencez au 1ᵉʳ rang.

15.

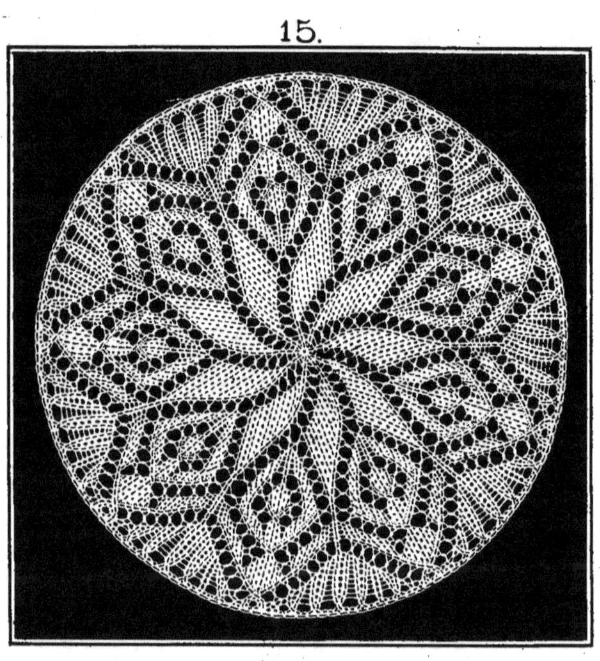

MODÈLE N° 15.

Étoile pour bonnet.

Montez 9 mailles sur 3 aiguilles, prenez une quatrième aiguille pour fermer le rond.

1er Tour. Mailles simples.
2e — || 1 p., 1 m. s. ||
3e — Mailles simples.
4e — || 1 p., 2 m. s. ||
5e — Mailles simples.
6e — || 1 p., 3 m. s. ||
7e — Mailles simples.
8e — || 1 p., 4 m. s. ||
9e — Mailles simples.
10e — || 1 p., 5 m. s. ||
11e — Mailles simples.
12e — || 1 p., 6 m. s. ||
13e — Mailles simples.
14e — || 1 p., 1 m. s., 1 p., 4 m. s., 2 m. e. ||
15e — Mailles simples.
16e — || 1 p., 3 m. s., 1 p., 3 m. s., 2 m. e. ||
17e — Mailles simples.
18e — || 1 p., 5 m. s., 1 p., 2 m s., 2 m. e. ||
19e — Mailles simples.
20e — || 1 p., 1 m. s., 2 m. e., 1 p., 1 m. s., 1 p., 2 m. e., 1 m. s., 1 p., 1 m. s., 2 m. e. ||

21e Tour. Mailles simples.
22e — || 1 p., 1 m. s., 2 m. e., 1 p., 3 m. s., 1 p., 2 m. e., 1 m. s., 1 p., 2 m. e. ||
23e — Mailles simples.
24e — || 1 p., 1 m. s., 2 m. e., 1 p., 2 m. e., 1 m. s., 2 m. e., 1 p., 2 m. e., 1 m. s., 1 p., 1 m. s. ||
25e — Mailles simples.
26e — 1 m. s., || 1 p., 1 m. s., 2 m. e., 1 p., 1 s. d., 1 p., 2 m. e., 1 m. s., 1 p., 3 m. s., || terminez l'aiguille par 2 m. s.
27e — Mailles simples.
28e — 2 m. s., || 1 p., 2 m. e., 3 m. s., 2 m. e., 1 p., 5 m. s., || terminez l'aiguille par 3 m. s.
29e — Mailles simples.
30e — || 1 p., 2 m. e., 1 m. s., 1 p., 2 m. e., 1 m. s., 2 m. e., 1 p., 1 m. s., 2 m. e., 1 p., 1 m. s. ||
31e — Mailles simples.
32e — 1 m. s., || 1 p., 2 m. e., 1 m. s., 1 p., 1 s. d., 1 p., 1 m. s., 2 m. e., 1 p., 3 m. s., || terminez l'aiguille par 2 m. s.
33e — Mailles simples.
34e — 2 m. s., || 1 p., 2 m. e., 1 p., 3 m. s., 1 p., 2 m. e., 1 p., 5 m. s., || terminez l'aiguille par 3 m. s.

SUITE DU MODÈLE N° 15.

35e Tour. Mailles simples.

36e — 3 m. s., || 1 p., 2 m. e., 3 m. s., 2 m. e., 1 p., 7 m. s., || terminez l'aiguille par 4 m. s.

37e — Mailles simples.

38e — 4 m. s., || 1 p., 2 m. e., 1 m s., 2 m. e., 1 p., 9 m. s., || terminez l'aiguille par 5 m. s.

39e — Mailles simples.

40e Tour. 5 m. s., 1 p., 1 s. d., 1 p., || 11 m. s., 1 p., 1 s. d., 1 p., || terminez l'aiguille par 6 m. s.

41e — Mailles simples.

42e — || (1 p., 2 m. e., 7 fois), 1 p., 1 m. s. ||

43e — Mailles simples.

Rabattez toutes les mailles.

16.

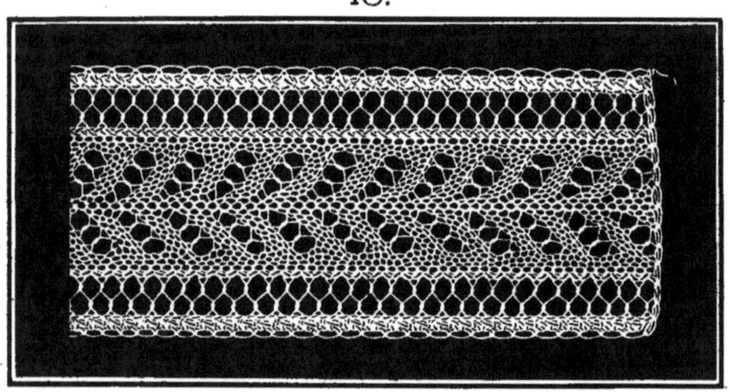

MODÈLE N° 16.

Entre-deux.

Montez sur 18 mailles.

1er Rang. 1 p., 2 m. e., 1 m. s., 1 p., 2 m. e., 2 m. s., 2 m. e., 1 p., 1 m. s., 1 p., 2 m. e., 4 m. s., 1 p., 2 m. e., 1 m. s. prise derrière l'aiguille.

2e — 1 m. à l., 2 m. e. à l'envers, 1 m. à l., 1 p. à l., 2 m. e. à l'envers, 11 m. à l., 1 p. à l., 2 m. e. à l'envers, 1 m. s. prise derrière l'aiguille.

3e — 1 p., 2 m. e., 1 m. s., 1 p., 2 m. e., 1 m. s., 2 m. e., 1 p., 3 m. s., 1 p., 2 m. e., 3 m. s., 1 p., 2 m. e., 1 m. s. prise derrière l'aiguille.

4e Rang. 1 p. à l., 2 m. e. à l'envers, 1 m. à l., 1 p. à l., 2 m. e. à l'envers, 11 m. à l., 1 p. à l., 2 m. e. à l'envers, 1 m. s. prise derrière l'aiguille.

5e — 1 p., 2 m. e., 1 m. s., 1 p. (2 m. e. 2 fois), 1 p., 5 m. s., 1 p., 2 m. e., 2 m. s., 1 p., 2 m. e., 1 m. s. prise derrière l'aiguille.

6e — 1 p. à l., 2 m. e. à l'envers, 1 m. à l., 1 p. à l., 2 m. e. à l'envers, 11 m. à l., 1 p. à l., 2 m. e. à l'envers, 1 m. s. prise derrière l'aiguille.

Recommencez au 1er rang.

Paris. — Imprimerie de E. Martinet, rue Mignon, 2.

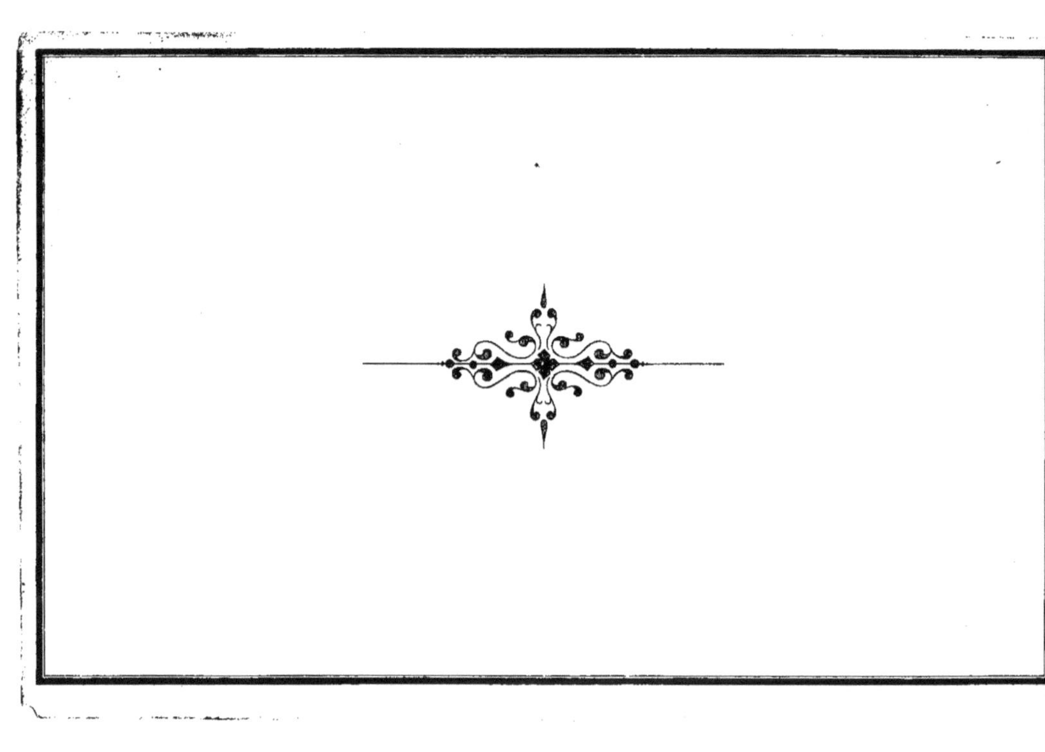

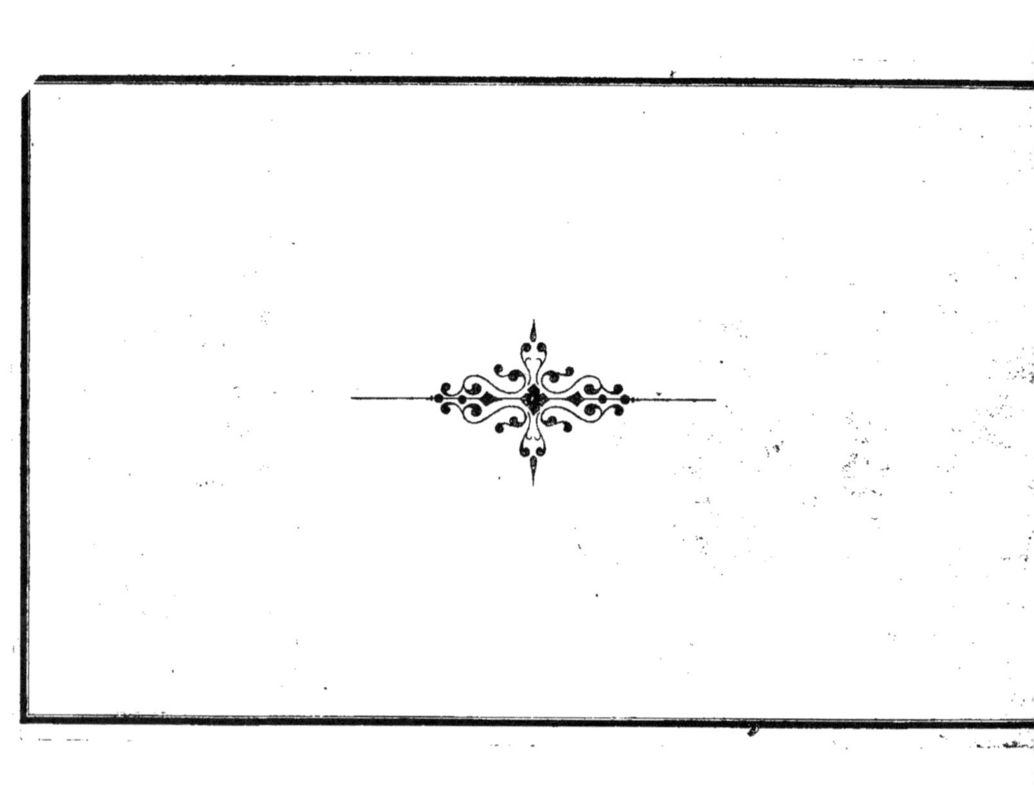

www.ingramcontent.com/pod-product-compliance
Lightning Source LLC
LaVergne TN
LVHW020000180726
843503LV00008B/3748
* 9 7 8 2 3 2 9 6 5 6 6 4 9 *